AF450718

ROMANS,

PARODIE DE ROLAND,

EN TROIS ACTES, EN PROSE

ET EN VAUDEVILLES.

Par M. Despreaux, Pensionnaire du ROI.

Représentée devant leurs Majestés, *en Mai* 1778.

Romans

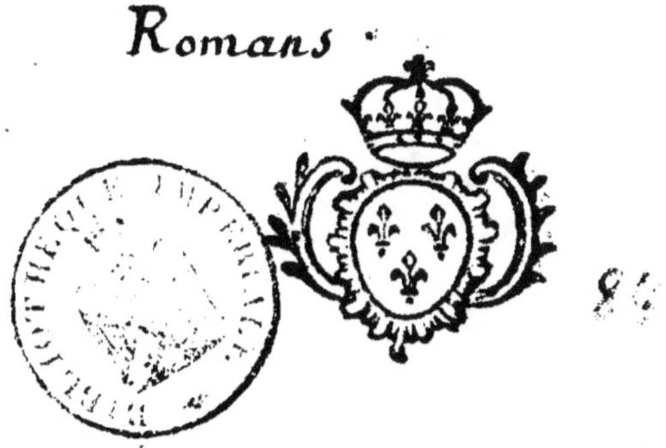

DE L'IMPRIMERIE

De P. R. C. Ballard, feul Imprimeur de la Mufique du ROI, des Menus Plaifirs de SA MAJESTF, & de Monfeigneur & Madame la Comteffe D'ARTOIS.

Par exprès Commandement de SA MAJESTÉ.

PERSONNAGES

DANSANS ET CHANTANS.

PREMIER ACTE.

GENS DE LA SUITE DE ROMANS,

Les Srs. LEBRETON, LAVAL f., GUILLET, DUCHENE, LEBEL, SIMONET.

SECOND ACTE.

MAISON DE LA BARONNE,

Les Srs. DOSSION, Intendant.
SIMONET, Maître-d'Hôtel.
LAVAL f., Cuisinier.
GIGUET, Jardinier.
COINDÉ, Page.
FABRE, Femme de Charge.
DUCEL, Nourrice de la Baronne.
TRUPTI, Cuisinière.
LEDOUX, Voisine.

TROISIEME ACTE.

SUITE DE LA FOLIE,

Les Srs. LEBRETON, DOSSION, LAVAL f., DUCHESNE, GIGUET, GUILLET, LEBEL, SIMONET.

Trompette, le Sieur LAMBERT.

ACTEURS.

Le Chevalier ROMANS. Le Sr. Dugazon.

La BARONNE de Fiere-
Antique. La Dme. Moulinghen.

MARTIN, *jeune payfan,*
Amant de la Baronne. La Dlle. Guimard.

GOTON, *Femme-de-Cham-*
bre & confidente de la Ba-
ronne. Le Sr. Muffon.

RICOFFRE, *Officier du Ré-*
giment du Chevalier. Le Sr. Defpréaux.

DUBEL-AIR, *ami de Romans.* Le Sr. Gardel. J.

CASSANDRE, *Cabaretier*
Traiteur. Le Sr. Des Effarts.

COCO. } La Dlle. Desbroffes.

LILI. La Dlle. Lorfon.

FIFI. } *Enfans.* La Dlle. Poupone.

LOLO. Le Sr. Doffion, fils.

La FOLIE. La Dlle. Dorival.

LAQUAIS *à livrée de M. Romans.*

GENS *de la fuite de la Baronne.*

SUITE DE LA FOLIE.

ROMANS,
PARODIE DE ROLAND.

ACTE PREMIER.

Le Théâtre représente l'appartement de la Baronne.

SCENE PREMIERE.

LA BARONNE DE FIERE-ANTIQUE, GOTON.

LA BARONNE.

Air : *Menuet de la Lanterne magique.*

Ah! que mon cœur aujourd'hui sent de peine!
 Par l'amour & la fierté,
  Il est tourmenté.
  En vérité,

A

Je n'ai dormi de la femaine,
Trop de bonté
Me caufe cette peine ;
Ce pauvre Martin
Me donne du tintoin ,
Et je crains en ce jour,
De céder à l'amour.
En vérité
Cela me donne la migraine,
Trop de bonté
Me caufe cette peine ,
Je crains , fi je veux ,
En faire un amoureux ;
Ah ! qu'il eft dangereux
D'aimer un malheureux.

GOTON.

Air : *De la Baronne.*

Mais , mais , Madame   } Bis :
N'oubliez pas le fier Romans ,
Il viendroit vous chanter la game.
Vous promettez depuis vingt ans ,
D'être fa femme.

LA BARONNE.

Air : *Il a voulu.*

De ma raifon ,
Pauvre Goton ,
Je ne fuis plus maitreffe ;
Trouve un moyen ,

Car je crains bien
D'avilir ma nobleffe.
L'amour en moi fait le lutin,
Nuit & jour, je penfe à Martin.
De ma raifon , &c.

G O T O N.

Air :

Dans vos regiftres,
Il faut relire vos titres,
Là vous pourrez voir
Si vous n'allez pas déchoir.

LA BARONNE.

Mon pere étoit fils d'un Baron
D'un grand nom,
Defcendant de Bellerophon,
On le voit dans mon Ecuffon,
Non ,
Je fuis de trop grande Maifon.

GOTON.

Bon.

Il faut combattre votre amour par ce moyen-là
l'ancienneté de vos peres doit regler votre conduite;
malgré les propos des Poètes qui uniffent toujours les
Sceptres & les Houlettes , votre fang, ne peut &

ne doit s'enflammer, qu'à la vue de bons parchemins écrit en gaulois, & meme en hébreu; ainfi doivent être les billets doux de la Nobleffe; mais vous, Baronne de Fiere-Antique, comment avez-vous pû devenir amoureufe d'un roturier?

LA BARONNE.

Air : Des Folies d'Efpagne.

Je fuis Baronne, & ne fuis point bégueule,
Des malheureux je prends toujours pitié,
Sur un chemin, un jour que j'érois feule,
Je vis Martin qui fe démit le pied.

Air : Dans un détour.

Tout auffitôt,
Sans dire un mot,
Je fis un faut
Et j'y fus bien-tôt,
Malgré cela
Il roula, là;
Je le vis relever,
Retomber,
Relever,
Retomber;
La douleur
Ou la peur
Sur fon front fit monter la fueur,
Je fis
Deux cris,

Qu'avez-vous donc,
Pauvre garçon,
Vous n'êtes pas bien,
Il pâlit & ne dit rien,
Rien.

Air: *Quand l'Auteur de la nature.*

Je pris en verſant des larmes
Dans ma poche un flacon d'eau des Carmes;
Mais je ne ſai par quels charmes,
Le flacon
N'avoit plus de bouchon.

Air : *Dérouillons.*

Mais par bonheur
Ou par malheur,
J'étois tout près de ma demeure
Je le ſoignis,
Je le guéris,
Sans y penſer mon cœur fut pris.

Il s'eſt trouvé que c'étoit le couſin de mon nou-
riſſier, je le logeai chez moi; mais je vois que je ne
le pourrai garder.

G O T O N.

Je crois, Madame, que ce ſeroit le meilleur parti.

L A B A R O N N E.

Tu as raiſon, moi... renvoyer Martin, je n'en aurai
jamais le courage, ou j'en mourrois de douleur.

Air : *Ce que je dis est la vérité même.*

Ne plus le voir, pour mon cœur quel supplice !
Ah ! j'en mourrai je le sens bien ,
A mon honneur je dois ce sacrifice.
Martin, ton cœur étoit fait pour le mien.

Donne lui quelqu'argent, qu'il parte, mais le voilà,
mettons nous dans ce coin.

SCENE II.

MARTIN, *seul.*

Air : *De la Touriere.*

Amour dis moi donc par où,
Tu t'es fourré dans la tête,
De me rendre amoureux fou
N'ayant pas le premier sou.   *Fin.*

Non, non, non, non, non, non, non,
Madame, est sans doute honnête,
Elle est fille d'un Baron,
Et je suis pauvre garçon.

Air : *Toujours, toujours, il est toujours le même.*

Je la verrai, c'est assez pour ma flamme,
Je sai que c'est mourir à petits feux,
Mais puisque je ne peux
Jamais l'avoir pour femme,
Au moins c'est un plaisir
De pouvoir la servir,
Je la verrai, c'est assez pour ma flamme.

SCENE III.

LA BARONNE, GOTON, MARTIN.

MARTIN.

On demande à parler à Madame, de la part de M. le Chevalier Romans ; il eſt bienheureux de pouvoir dire tout ce qu'il penſe & d'avoir le moyen de vous faire des préſens ; auſſi ſi jamais vous l'épouſez il ſera bien payé.

LA BARONNE.

Il n'eſt pas dit que je l'épouſerai , & je ſuis aſſez fâchée de lui avoir des obligations , allez Martin, n'enviez pas ſon fort.

MARTIN.

Il eſt vrai qu'il ne vous ſert que de loin.

LA BARONNE.

Il m'ennuie & je vais retourner ſeule dans ma terre. Ah çà Martin, je veux ſavoir ſi je peux compter ſur votre obéiſſance.

MARTIN.

Pouvez-vous en douter ? mon oncle le fermier eſt mort , je ne ſavois où donner de la tête, je me ſuis donné une entorſe , vous avez eû la bonté de me prendre chez vous , de me guérir...

LA BARONNE.

Préfentement je vous donne votre congé . . . .
partez.

MARTIN.

Air : *Fière indifférence.*

Il faut que je meure.
Si chez vous je ne demeure
Il faut que je meure ;
Si je ne fuis vos pas.
Ma mort feroit certaine ;
Si j'avois cette peine ,
Mais fi je fuis vos pas ,
Jamais le trépas
Ne me mettra bas ,
Je ne le crains pas :
Je fens en moi
Je ne fai quoi
De grandiffime ,
Qui me ranime ,
Oui , oui , céans ,
Je vivrois cent ans.
Il faut que je meure
Si chez vous je ne demeure ,
Il faut que je meure
Si je ne vous fuis pas.

LA BARONNE.

Martin vous ne devez pas douter que je ne m'inté-
reffe à vous ; mais pour certaines raifons , il faut que
vous me quittiez: j'ai eu foin de vous , tout le tems
que vous futes malade , préfentement cela va bien ,
cherchez un autre gîte.

MARTIN.

Que vous ai-je fait ? qui ait pû vous déplaire.

LA BARONNE.

Vous ne m'avez jamais déplu , ni ne me déplaifez
ni ne me déplairez , mais partez.

MARTIN.

Air ; *Lifon dormoit.*

Non , non fans vous je ne peux vivre ,
Soyez certaine de cela.

LA BARONNE.

Ceffez Martin de me pourfuivre ,
Finiffez tous ces propos-là ,

MARTIN.

Je fçais que vous êtes Baronne ;
Que votre race eft de Cognac.

LA BARONNE.

Ceffez , Martin , tout ce micmac
Allez vous en , je vous l'ordonne

ENSEMBLE , *à part.*

Qu'il eft affreux ,   (*Bis.*)
De ne pas dire ce que je veux.

Air : *Contredanfe des Oifeaux.*

LA BARONNE.

(*) Martin partez.

MARTIN.

Vous le voulez ?

Je ne veux pas vous déplaire,
Mais j'en mourrai de chagrin ;
Oui, je vais vous satisfaire,
Vous ne verrez plus Martin.   *Fin*.

LA BARONNE.

Adieu.

MARTIN.

Adieu.

LA BARONNE.

Adieu.

MARTIN.

Adieu.

LA BARONNE.

Allez.

MARTIN.

Allons.

LA BARONNE.

Partez.

MARTIN.

Partons. (*)

LA BARONNE.

A force de chanter nous pourrions nous comprendre,
Il est certains discours, que je ne dois entendre ;
Obéissez, Monsieur ; sans demander pourquoi,
Partez, Martin, partez, qu'on sorte de chez moi.

(*Il sort.*)

SCÈNE IV.

LA BARONNE, GOTON.

LA BARONNE.

Air: *De la Romance de Gaviniés.*

Gotton, j'ai banni Martin,
Que cela me fait de chagrin !
Que va-t-il devenir,
Il me fait tranfir,
 Quel déplaifir !

Que fert la nobleffe ?
Si l'on eft gêné fans ceffe,
Il vaut mieux cent fois
 D'un bourgeois,
 Etre la nièce.

Goton, j'ai banni Martin, &c.

'Air : *Une Bergere qui fçait charmer.*

Ciel que de charmes,
Sont exilés,
Coulez mes larmes,
Coulés, coulés ;
Oui... non ... oui ... vas le rappeller,
Non ... oui ... non ... il faut le laiffer aller,

Ciel que de charmes,
Sont exilés,
Coulez mes larmes.
Coulez, coulez.

GOTON.

'Air : *Jardinier ne vois-tu pas.*

Pour une Dame d'efprit,
Pleurer n'a pas de grace;
L'amour petit à petit
S'éteint ; Le proverbe dit,
Tout paffe, tout caffe, tout laffe.

A propos Madame, il y a du monde qui vous attend, faut-il le faire entrer?

LA BARONNE.

Je fuis bien en train de parler à quelqu'un, voyons qu'eft-ce qu'on me veut? pendant ce tems, va trouver Martin & tâche de le confoler.

B

SCÈNE V.

CHŒUR, LA BARONNE, DU BEL-AIR,
SIX LAQUAIS.

(Marche des Laquais.)

DU BEL-AIR.

'Air : *De l'Insulaire , Contredanse.*

DE par le Chevalier Romans ,
Qui vous fait bien des complimens ;
Je vous remets ces girandolles
De la derniere nouveauté :
Ce ne sont point des babioles ,
Cà doit avoir beaucoup coûté ;
Quand je les vis , j'en fus surpris
C'est un présent d'un très-grand prix
Ce ne sont point des babioles ,   } *Bis pour*
C'est un présent d'un très-grand prix.   } *le Chœur.*

'Air : *Un soldat sous un coup funeste.*

A Romans je dois ma fortune ,
Il m'a tiré d'un mauvais pas ,
J'étois seul au clair de la lune ,
J'avois cinq voleurs sur les bras ;
Romans en carrosse ,
Heureusement passoit par là ,
Sans me connoître , il accourt , il les rosse ,

De cinq coups il les immola,
La belle action que voila !

CHŒUR.

La belle action que voila !

DU BEL-AIR.

Depuis cet événement nous sommes fort liez ensemble, je demeure au point du jour, M. Romans
m'a chargé en passant de vous remettre ce gage
de son amour, j'ai profité de cette occasion pour voir
l'objet qu'il aime.

Air : *Sous le nom de l'amitié.*

Sous le nom de l'amitié,
Parlant de vous sans cesse, (*bis.*)
Sous le nom de l'amitié ;
On voit que sa tendresse,
Se cache de moitié,
   Sous le nom,
Sous le nom de l'amitié.   (*bis.*)

Air : *Ah vous dirai-je maman.*

Ne connoissant pas vos traits ;
Je vous dirai, je craignois,
Qu'ayant l'âme trop éprise,
Il ne fit une sottise ;
Mais en voyant vos beaux yeux,
On doit approuver ses feux.

LA BARONNE, *donnant au laquais pour
boire.*

Tenez, mes amis raffraichissez-vous à mon intention.
(*Elle s'en va.*)

CHŒUR.

Air : *Un bel oiſeau.*

Il faut célébrer la Baronne ;
Puiſque pour boire elle nous donne,
Il faut au cabaret prochain ,
　　Le verre en main ,
　　Juſqu'à demain ,
Dire en vuidant deux cens flacons ,
Buvons camarades buvons. (*On danſe.*)

I I.

Il faut que ſon nom retentiſſe .
Il faut lui faire un ſacrifice,
Il faut à ſon intention
Enſemble manger un dindon ,
En même-tems nous chanterons ,
Buvons camarades buvons.

(*Ils ſortent.*)

Fin du premier Aǔe.

ACTE SECOND.

Le Théâtre repréſente un Jardin , avec un puits dans le fond.

SCÈNE PREMIÈRE.

GOTON, LA BARONNE.

GOTON.

MErlucke le limonadier vient d'apporter ici de l'orgeat & du chocolat; l'un rafraîchit, l'autre échauffe, lequel voulez-vous , Madame ?

LA BARONNE.

Le rafraîchiſſement me conviendroit aujourd'hui, mais je ne veux pas déjeuner.

Air : *Mineur du Menuet de Golconde.*

Mes douleurs...
Et mes pleurs...

GOTON.

Peut-être vont vous donner des vapeurs.

LA BARONNE.

Je le crains...

B 3

G O T O N.

Je vous plains.

L A B A R O N N E.

Que son absence augmente mes chagrins ! *Fin.*
Et c'est toi. ..

G O T O N.

Quoi c'est moi ?. .

L A B A R O N N E.

Oui, falloit y courir ;
Me désobéir,
Plutôt que de me laisser mourir.

G O T O N.

Je craignois...

L A B A R O N N E.

Tu devois
Malgré moi faire ce que je voulois.(*)

Air : *Majeur.*

(*) Désigne sa mine ;
Qu'on le tambourine ;
Obéis, c'est ton devoir.
Préviens mon désespoir ;
Je veux, je veux l'avoir.
Quelle foiblesse,
Ou quelle yvresse,
N'y vas pas, Goton,
N'y vas pas, non, non,
Vas y, vas, reste, hélas !
N'y vas pas. (*)

GOTON.

Ah, voilà quelqu'un.

LA BARONNE.

Ah ciel ! c'eſt Romans.

GOTON.

Ce Chevalier abandonne toutes ſes affaires pour vous voir.

LA BARONNE.

Je l'attraperai bien , car je vais me cacher.

SCÈNE II.

ROMANS, GOTON.

ROMANS.

Air : *Vive Henri quatre.*

Bon jour, Madame ,
Comment vous portez-vous ?
Mon cœur ſe pâme,
En voyant vos yeux doux,
Et je ſens ma flamme
S'accroître à vos genoux.

(Pendant qu'il fait la révérence , la Baronne
va ſe cacher.)

B 4

Air : *Jardinier ne vois-tu pas.*

Mais pourquoi donc se cacher ?
Ce tour seroit infame ;
Où peut-elle se jucher ?
Je ne sais par où chercher
Madame, Madame, Madame.

Madame la Baronne de Fiere Antique, où peut-elle être ? l'ingrate ! quel plaisir a-t-elle à me faire enrager, Madame la Baronne de Fiere Antique ?

Même air : *alternativement chantant & parlant.*

Mais pourquoi donc se cacher ?
Madame la Baronne de Fiere Antique.
Ce tour seroit infâme,
Madame la Baronne de Fiere Antique.
Où peut-elle se jucher,
Madame la Baronne de Fiere Antique.
Je ne sais par où chercher
Madame, Madame, Madame.

Air : *Je suis Lindor.*

Tu sais Goton, ce que j'ai fait pour elle,
Pour ses procès je me suis endetté,
Ma montre en gage a très-souvent été,
Le tout pourquoi ? pour aider la cruelle.
En voilà la récompense, ingrate elle me méprise.

Air : *Quand la Mer Rouge apparut.*

Pourquoi faire l'amoureux,
Et perdre la tête?
Non, je veux ouvrir les yeux;
Ah! que j'étois bête;
En voyant ce que voilà,
Fiez-vous après cela,
Faites donc la cour,
Faites donc l'amour,
   Contez donc,   *3 fois.*
Contez donc fleurettes
A femmes coquettes.

Air : *de Psyché.*

Non, non, non, non, non,   (*bis.*)
Je ne veux plus voir sa beauté funeste.
Oui, oui, oui, oui, oui,   (*bis.*)
Oui, j'y renonce, amour, je te déteste.

Air : *Ménuet d'Alceste,* 2ᵉ. acte de Gluck.

Je me reconnois, quel plaisir!
Plus aisément je respire;
Je me reconnois, quel plaisir!
En paix je pourrai dormir,
Ma raison à son tour,
Vient de chasser l'amour;
Je ne suis plus sous son empire;
Je me reconnois, quel plaisir!
   Quel plaisir!   (*bis.*)
De sortir, sans rougir,
D'un amour qui m'auroit fait souffrir.

Air : *La lanterne magique.* Contredanse.

Mais je fens ma raifon
Qui fait crac,
Et mon cœur reprend fon tictac,
Par quelle inclinaifon
Il brûle & devient un tifon.
Comme un moulin,
Qui tourne fans fin ;
Je fuis agité,
De chaque côté,
Par ci, par là,
De ça, de là,
Je crains, je veux, je ne veux pas. Ah ! ah !

Air : *La belle chofe que d'être Chevalier.*

Ah ! quelle honte
Pour un preux Chevalier,
Qui croit, qui compte
Aller fe marier.

Madame de Fiere Antique, inhumaine, quel plaifir avez-vous à me faire chercher ?

Air : *Ton humeur eft Catherine.*

C'eft trop outrer la mefure,
C'eft avoir trop mauvais cœur ;
Vous me payerez cette injure ;
Vous outragez mon honneur.
Je vous trouverai, cruelle,
Fuffiez-vous dans les enfers,
J'irai vous chercher querelle
Sur votre efprit de travers.

(Il fort.)

SCÈNE III.

GOTON, LA BARONNE.

GOTON.

Monsieur Romans fort d'ici, il vous cherche par-tout.

LA BARONNE.

Qu'il s'arrange, mon cœur eſt pris pour un autre, c'eſt par pitié que je ne veux pas le voir ; qu'il tache de ſe guérir ; où peut-être Martin ? dequel côté croirois-tu qu'on puiſſe le trouver ?

GOTON.

Romans vous aime tant que vous devriez...

LA BARONNE.

Tais-toi , parle-moi de Martin , ou laiſſe-moi chanter.

Air : *Si jamais je fais un ami.* Des Femmes Vengées.

Tout me déplaît en ces lieux
Hélas ! je me déplais moi-même ,
Je ne ſais ce que je veux
Quand je ne vois point ce que j'aime ,
Si j'oſois, mais je n'oſe pas ,
J'en ferois mon homme d'affaire
   Ah ! quel embarras ,
   De ne pouvoir pas ,
Faire ce qu'on voudroit faire.

I I.

Si ce n'étoit les propos
Qu'on pourroit tenir sur mon compte,
Je calmerois tous mes maux ,
En le faisant Marquis ou Comte ;
Mais on n'en fera point de cas ,
Malgré ce que je pourrois faire ,
    Car voilà l'embarras ,
    Ne fera-t'il pas
Toujours le fils de son pere.

I I I.

Je voudrois revoir les traits
De l'objet que mon cœur adore ;
Je voudrois qu'il fut tout près ,
Je voudrois autre chose encore ;
Je voudrois , je ne voudrois pas ,
Je crains qu'il ne me déshonore ;
    Ah ! quel embarras
    De ne pouvoir pas
    Epouser ce qu'on adore.

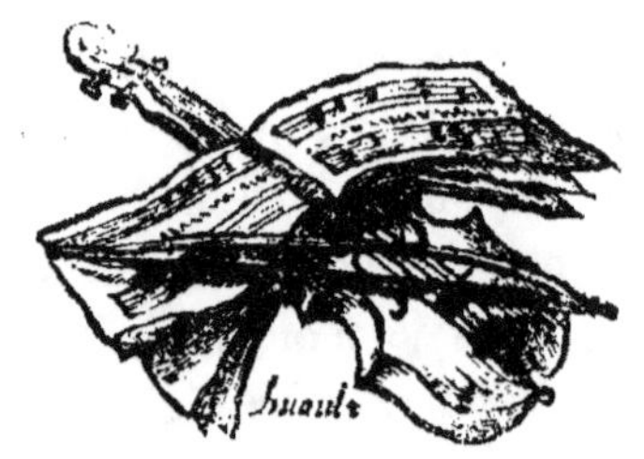

SCÈNE IV.

MARTIN, LA BARONNE, GOTON.

MARTIN, *avant de paroître.*

Air: *Ah ! quelle douleur.*

Ah ! ah ! quelle douleur
    Pour mon cœur,
      Qui pétille,
   Qui feche, qui grille...

LA BARONNE.

C'eft Martin que je viens d'entendre, ma chere
Goton ; c'eft lui ; ah !

GOTON.

Mais, Madame, eft-ce que vous allez lui parler ?

LA BARONNE.

Certainement. Retire-toi... Cachons-nous pour
voir par plaifir, jufqu'où ira fon défefpoir.

SCÈNE V.

MARTIN, LA BARONNE.

MARTIN, *se croyant seul.*

Air : *Boire à son tire , lire , lire.*

Je prétends au tombeau
Dès aujourd'hui defcendre ;
Par un chemin nouveau
Je voudrois bien m'y rendre ,
Ne rien fentir
Eft un plaifir ,
Je m'imaginerois dormir ;
Mais je veux mourir fans languir
Et fans fouffrir.

I I.

La mort eft un fommeil ,
Jamais de mauvais rêve ;
Au lieu qu'à mon réveil
Tous les matins j'endève.
Ne rien fentir
Eft un plaifir,
Je m'imaginerois dormir ;
Mais je veux mourir fans languir
Et fans fouffrir.

Air : *Allez-vous-en gens de la nôce.*

Cela ne feroit pas fi bête
Pour terminer tous mes ennuis,
Levant les pieds, baiffant la tête,
De me jetter au fond du puits.
        Oui, oui, c'eft dit ;   (*bis*).
Mais fur le bord je veux y laiffer mon habit
Afin que la Baronne apprenne
Où le défefpoir m'a réduit.
(*En ôtant fon habit.*)
Adieu ma trop belle inhumaine.

LA BARONNE.

Arrêtez, Martin, quel dépit !

Air : *Ton humeur eft Catherine.*

Mourir eft une folie,

MARTIN.

Ainfi que vous je le crois;
De vivre, j'ai grande envie,
Surtout lorfque je vous vôis :
Mon cœur feroit fans allarmes
S'il vivoit fous votre loi;
Mais fi je ne vois vos charmes,
Je ne réponds pas de moi.

LA BARONNE.

Air : *Vive le vin.*

Mon ami, confervez vos jours
Et ceffez tous ces fots difcours,

Qui font le malheur de ma vie :
Vivez, Martin, je vous en prie,
Quand je devrois vous époufer.

MARTIN.

Vous permettez, je n'ofois propofer...

LA BARONNE.

Oui, je le veux, c'eft mon envie.

MARTIN.

Air : *Tous les hommes font bons.*

Que mon bonheur eft grand !
    Quel état différent !
Je m'en fens plus ardent.
      Vos beautés,
      Vos bontés
      Et les feux
      De vos yeux,
      Belle Baronne,
Rendent mon cœur plus content
Que fi l'on m'eût fait préfent
      D'une couronne.

LA BARONNE.

Air : *Vive le vin.*

Mon ami confervez vos jours,
Et ne penfons plus qu'aux amours
Qui font le bonheur de la vie ;
Vivez, Martin, je vous en prie,

Vivez

Vivez, vivez pour m'époufer ;
Je fais que c'eft me fingularifer,
Mais je le veux, c'eft mon envie.

Dépéchons - nous de chanter cela en duo , & puis vous vous en irez, parce que le Chevalier Romans va venir.

(Ils reprennent les deux airs enfemble, & Martin s'en va à la fin).

SCÈNE VI.

LA BARONNE, *feule.*

'Air : *Çà fait toujours plaifir.*

A Romans je vais feindre
Pour le mieux attraper ;
Il pourroit nous atteindre ;
Il s'agit d'échapper,
Il ne pourra fe plaindre
En fe voyant duper :
L'amant qui nous fait craindre
Nous force à le tromper ;
Il faut, il faut donc l'occuper ,
Afin, afin de décamper.

SCÈNE VII.

ROMANS, LA BARONNE.

ROMANS, *en courant.*

Ah ! je vous tiens , je ne vous lâcherai pas.

Air : *Non non je ne veux pas rire.*

Répondez-moi , pourquoi, parlez ?
Quand je viens , vous vous en allez,
Cela n'est pas trop honnête ,
Au lieu de me faire fête.

LA BARONNE.

Je veux être malhonnête moi,
Je veux être malhonnête.

ROMANS.

Air : *Demandez-moi pourquoi.*

Mais d'où vient ce mépris,
Ne suis-je pas fidèle ?
De mes soins voilà donc le prix,   (*bis*).
Ah cruelle ! Ah cruelle !

Air : *Menuet de ferinette.*

Quelle honte ! quelle horreur?
Que n'êtes-vous moins belle !
J'aurois bien moins de douleur,
Sachant que votre cœur
    Fut infidelle.

LA BARONNE.

Air : *Pierrot fur le bord d'un Ruiffeau.*

Nous n'avons jamais fait d'écrits,
Ne fuis-je pas de mon cœur la maîtreffe ?

ROMANS.

Vous me parliez tant d'être unis !

LA BARONNE.

Moi ! je n'ai jamais rien promis.

ROMANS.

Parbleu, vous êtes bien traîtreffe,
D'ôfer encor tenir ces propos-là !

LA BARONNE.

Parlerez-vous fans ceffe de cela ?

ROMANS.

La froide amante que voila.

Méme air.

Ne m'avez-vous pas dit cent fois
Que vous étiez très-fenfible à ma peine?

LA BARONNE.

C'eft pour avoir le ton courtois
Que je dis ce mot quelquefois.

ROMANS.

Barbare ! cruelle ! inhumaine !
Vous détefter feroit tout mon defir ;
J'efpère un jour pouvoir y parvenir.

LA BARONNE.

Ah ! que vous me ferez plaifir.

ROMANS.

Air : *Sur les gazons.*

Mon cher bijou,
Oui je fuis fou ;
Je chéris le trait qui me bleffe,
O vous qui caufez ma foibleffe !
Eft-ce a vous de m'en punir ?
Vous cherchez à fortir,
Vous tournez la tête fans ceffe,
Je vois que vous voulez me fuir,
Tâchez d'être un peu moins tigreffe,
Ou faites-moi guérir.

D U O.

Air : *L'amant frivole & volage.*

ROMANS.

O ma belle ! ô ma déeffe !
Laiffez-moi voir vos appas.

LA BARONNE.

M'obfederez-vous fans ceffe ,
Romans ne me fuivez pas.

ROMANS.

De vos yeux, le bleu célefte :
Eft pour moi le paradis.

LA BARONNE.

Des fadeurs eft-ce le refte ?

ROMANS.

Je ne fçai ce que je dis.

LA BARONNE.

Même air.

J'ai des emplettes à faire.

ROMANS.

Je vais vous donner le bras.

C 3

LA BARONNE.

Je retourne dans ma terre.

ROMANS.

J'ai mon caroffe la bas.

LA BARONNE.

Ah ! j'oubliois mon Notaire ;
Cela peut me mener tard ,
Trouvez vous à la barriére
A huit heures moins un quart.

(Ils s'en vont.)

SCÈNE VIII.

GOTON, MARTIN, Chœur,

Goton.

Air : *Gigue d'Alcimadure.*

D'une très-grande Dame
Martin est le mari,
Son ame
Est toute enflâme,
Son cœur en est ravi.
Chantons Monsieur, Madame,
Ne faisons tous qu'un cri,

Chœur.

Chantons Monsieur, Madame,
Ne faisons tous qu'un cri.

Martin.

Air : *Mineur.*

En butte, en butte aux fureurs de l'amour,
En butte, en butte, j'allois perdre le jour ;
Le cœur de ma belle
Me voyant, fut ému :
Vivez, me dit-elle ;
Au même instant j'ai vécu.

LE CHŒUR *reprend le majeur.*

C 4

SCÈNE IX.

Les Aĉeurs précèdents , L A **BARONNE,**

L A **BARONNE.**

Air : *Pour voir un peu comment ça fra.*

DE la ville prenons congé ,
Allons-nous en à la campagne ;
Laiſſons ici le préjugé ,
Que l'amour ſeul nous accompagne ,
L'un pour l'autre nous brulerons ;
Partons, Martin , Martin partons.

CHŒUR *danſant.*

Air : *Contredanſe du Prince de Noiſ.*

Quel beau jour !
Pour l'amour.
Ah ! . . . . .
Pour l'amour,
Quel beau jour !
Ah ! . . . . . .

(*On danſe.*)

Fin du ſecond Aĉe.

ACTE III.

*Le Théâtre repréſente un jardin de Cabaret agreable,
on voit la table où la Baronne & Martin ont fait
la noce, elle n'eſt pas encore deſſervie, il y a des
bouteilles & deux verres, leurs noms ſont écrits
ſur une muraille avec du charbon.*

SCÈNE PREMIERE.

ROMANS, RICOFFRE.

ROMANS.

LA Baronne m'a donné parole ſur les huit heures
à la barrière, mais comme j'ai encore une heure à
moi, j'entre ici pour me raffraichir.

Air : O ma tendre muſette.

Je n'ai plus de triſteſſe,
Mon bonheur eſt certain,
De ma belle Maitreſſe,
Je recevrai la main,

Nous allons vivre enfemble,
Comme deux tourtereaux,
Lorfque l'amour affemble;
On ne fent plus fes maux.

RICOFFRE.

Air : *Vous avez raifon la plante.*

Si vous laiffez-là la gloire,
Vous verrez ce qu'on dira.

ROMANS.

La gloire eft une autre hiftoire,
Qui ne fait rien à cela;
Et fi j'ai bonne mémoire,
Les Héros paffent tous là.

RICOFFRE.

Air : *De la marche des Moufquetaires.*

Partons, mon Colonel.

ROMANS.

L'Amour m'attend à l'autel.

RICOFFRE.

C'eft bien fuperficiel.

ROMANS.

Voila le bonheur réel.

RICOFFRE.

L'honneur, l'honneur, Monfieur eft l'effentiel,
Partons mon Colonel.

ROMANS.

L'amour m'attend à l'autel.

RICOFFRE.

Monfieur, c'eft trop cafuel,
Vous deviendrez fenfuel,
Et jamais immortel.   *Fin.*

ROMANS.

Je ne veux pas d'autre conquête.

RICOFFRE.

L'amour va vous perdre la tête.

ROMANS.

Ami, tu n'es qu'un trouble fête.

RICOFFRE.

Venez affronter la tempête.

ROMANS.

L'amour fait mon bonheur,
Je renonce à l'honneur.

RICOFFRE.

Partons mon Colonel, &c.

L'honneur, l'honneur, Monfieur eft l'effentiel,
Partons mon Colonel.

ROMANS.

Air : *Nanon dormoit.*

Dans cet inftant,
Tu n'eft point néceffaire,
Un confident,
Ici n'a rien ?faire,
Tu ne peux que gêner,
Crois-moi, crois-moi, va-t'en tout feul te promener.

SCÈNE II.

ROMANS, *feul.*

Air : *Ritournelle très-lente.*

LA nuit ne veut pas marcher,
Ni le Soleil fe coucher,
Je ne les vois point broncher.

Air : *Charmante Gabrielle.*

Qu'elle tarde à paroître,
Soleil hâte ton cours,
Tu ne dois point connoître,
L'objet de mes amours,
Le voile du myftère,
Doit la cacher,
L'amour feul pour me plaire ;
Doit l'éclairer.

I I.

> Cachez votre tendreſſe,
> Amans maſquez vos feux ;
> Aimer avec adreſſe
> Rend cent fois plus heureux,
> L'on eſt plus ſur de plaire,
>   Etant diſcret,
> Pour jouir, faut ſe taire*
>   C'eſt le ſecret.   (*Il ſe promène.*)

Ce petit jardin eſt joliment arrangé, ah ! ce reſte de collation, une bouteille, deux verres, font voir qu'il y avoit là un tête-à-tête, l'amour ſe plait aujourd'hui à faire des heureux . . . ils ont écrit ſur le mur avec du charbon, voyons par plaiſir ce qu'il y a . . . c'eſt aſſez mal écrit, on jureroit que c'eſt la main de la Baronne.   (*Il lit.*)

> Fiere-Antique, engage ſon cœur,
> Martin, en eſt vainqueur.

Martin, Martin, je n'ai jamais entendu parler de ce nom qu'à Montmartre, Martin, je pourrois m'allarmer ſi c'étoit quelques Comtes ou Marquis. Mais Martin . . . ah je ſuis ſûr que c'eſt un tour qu'elle m'a joué : elle eſt venue la premiere, elle n'aura pas voulu qu'on ſcache le nom de ſon bon ami, c'eſt moi qui ſuis ſon cher Martin, mais quelle eſt cette autre écriture, c'eſt de la bâtarde.

> Que Martin eſt heureux,
> Fière-Antique a comblé ſes vœux.

Ce Martin eſt un poliſſon , d’avoir écrit cela, la Baronne auroit comblé les vœux d’un Martin , cela ne peut être , c’eſt une mauvaiſe plaiſanterie qu’on a voulu me faire.

Air : *Menuet trompette.*

Inſolent écrivain ,
Qui ſignés Martin ;
Redoutez ma main ,
　　Tremblez ,
　　Frémiſſez ;
Sauvez - vous
D’un amant jaloux.

Redoute ma fureur ,
Inſolent rimailleur ,
Tu n’eſt qu’un impoſteur ,
N’eſt-ce pas une vaine frayeur?

CHŒUR *d’enfants , qu’on ne voit pas.*

Trois pierres j’en ôterai ,
Au gé , au gé , au gé ,
Trois pierres j’en ôterai ,
　　Au gé
Franc cavalier.

ROMANS.

Voila des enfants qui vont m’ennuyer , allons ſur la porte voir ſi elle vient , au doux regard de ma belle , mes ſoupçons vont s’évanouir.

(*Il ſort*).

SCÈNE III.

LILI, FIFI, COCO, LOLO.

LILI.

Coco, Fifi, Lolo.

COCO.

Que veux-tu Lili ?

LILI.

Viens donc jouer ici.

COCO, LOLO.

Air : *Ah Petit Jean.*

Ah l'beau tems qui fait
Pour jouer à la madame,
Ah l'beau tems qui fait
Pour jouer à tout c'qui plaît.

LILI.

Vois-tu Coco que j'ai bien fait d'être sage, on m'a donné de la fiture.

COCO.

Et moi de même j'en ai tout plein, Mademoiselle, aussi.

Air : *Il est tout de travers.*

J'aimerai toujours ma cher'mere ,
Ma cousine & mon cousin.

L I L I.

J'aimerai toujours mon cher pere ,
Ma mareine & mon parein.

C o c o.

Je ne veux jamais leur déplaire ;
Je ferai ce qu'ils diront.

L I L I.

Pour ne pas les mettre en colere ,
Je dirai ce qu'ils voudront.

E N S E M B L E.

J'aimerai toujours ma cher'mere ,
Ma cousine & mon cousin ;
J'aimerai toujours mon cher pere ,
Ma mareine & mon parein.

C o c o.

Air : *Quand j'étois Mousquetaire.*

Chantons tous la Baronne ,
C'est une Dame bien bonne ,
Elle a dit qu'on nous donne
La tarte que voilà-là là ;
Martin ces bonbons-là.   (*bis*).

L I L I. 2.

La confiture est bonne.
Ah la charmante Baronne !

SCÈNE

SCENE IV.

ROMANS & LES ENFANS.

ROMANS.

Vous parlez de Baronne,
Et vous nommez Martin in in.

LES ENFANS, *montrant leur tartine.*

V'là le reſte du feſtin.

LILI. 3.

Madame Fiere-Antique
Epouſe ſon domeſtique;
L'avanture eſt publique,
Elle en fait un Seigneur.

Monſieur
Elle en fait un Seigneur.

ROMANS.

Air: *Majeur.*

Ah! je ſuccombe à ma douleur.

LILI.

Monſieur avez-vous mal au cœur?

ROMANS.

Non, non, non.

LILI.

Eh bien donc, eh bien donc il fait peur,

D

Lili. *Mineur.*

Mais il fait la grimace,
Coco viens donc voir sa face
Ah comme elle est cocace !

Coco.

Il est peut - être fou, ou ou
Il est peut - être saou...
C'étoit à cette place.

ROMANS.

'Air : *Justes dieux : de l'opéra de* **Psiché.**

Juste ciel, où me suis-je assis !

SCÈNE V.

CASSANDRE, ROMANS, ENFANS.

LE PERE CASSANDRE *chante.*

ILs font partis, ils font partis;
Tous nos vœux font réunis.   } *Bis.*

COCO.

Sont-ils bien loin ?

LE PERE.

Oh ! oui, car ils ont pris la diligence.

ROMANS, *à part.*

Ils font partis; je n'aurai donc pas feulement le plaifir de la vengeance ?

LE PERE.

Voilà ce qu'elle m'a donné pour votre mere.

LES ENFANS.

Que c'eft beau.

ROMANS.

Que vois - je ! les girandolles que je lui ai achetées ce matin.

Non, non, non, non, non,   *bis.*
Jamais, jamais on n'eut tant de baffeffe.

D ij

LE PERE.

Quel eſt ce monſieur ?

LILI.

Nous ne ſçavons pas Papa, nous l'avons trouvé
ici.

LE PERE.

Il a l'air malade, il veut peut-être quelque choſe.

LILI.

Papa, ne lui parlez pas, il eſt de mauvaiſe humeur.

ROMANS.

Que ne puis-je lui arracher le cœur.

LE PERE.

Il dit qu'il a mal au cœur, c'eſt une indigeſtion.

COCO.

Vois - tu choſe, que je t'avois bien dit qu'il étoit
ſaou.

LE PERE.

Il a meilleur viſage, ah cela ne ſera rien.

Air : *Quand j'étois Mouſquetaire.*

> Béniſſons la Baronne,
> La généreuſe perſonne ;
> Voyez ce qu'elle donne
> Pour payer ſon feſtin in in,
> L'heureux monſieur Martin !

Le Pere s'en va.

(*Ils danſent en rond le refrein.*)
Béniſſons la Baronne,
La généreuſe perſonne.
Béniſſons la Baronne,
Béniſſons ſon Martin tin tin.

ROMANS.

Taiſez - vous marmots, avec vos maudites chanſons. Rendez graces à votre petiteſſe, ſi vous n'avez
pas ſenti le poids de mon bras; ſauvez-vous, ou je
vais prendre une poignée de verges.

LES ENFANS.

Air : *Mariez-moi.*
Sauvons-nous,
Sauvons-nous,
Sauvons-nous
Tous.

SCENE VI.

ROMANS, *ſeul.*

Air : *De l'ancienne Venitienne.*

POUR un rien
Je m'arracherois le viſage.
Que tout reſſente ma rage,
Caſſer tout, me fait du bien,
Renverſons cette table
Abominable;
Que ſous l'effort de mon bras, ah,
Tous ces murs ſoient jettés bas, ah,
Au diable tout le feſtin,
La Fiere - Antique & ſon Martin.
(*Il déracine des raves, arrache des fleurs, briſe des pots
de terre &c.*)

'Air : *De l'amour tout subit les loix.*

Traitre amour qui fais mon malheur,
Petit gueux qui trahis mon cœur,
Je veux, par une croquignole
Te prouver quelle est ma fureur,
Montrons l'exemple à l'univers ;
Que son nez vôle dans les airs,
Abattons, détruissons l'idole
En cent morceaux divers.

R E C I T A T I F.

Mes bras s'appefantissent,
Mes jambes s'engourdissent
Pour descendre au tombeau,
Que me sert mon chapeau,
Ce n'est qu'un vain fardeau.

(Il jette son Chapeau.)

'Air : *Piece de* M. Honavre.

Je vois les enfers
La la la
Ils font entr'ouverts,
Les voilà,
Quel gouffre effroyable,
J'apperçois le diable,
Ah ! je meurs d'effroi.
Hélas il est déja tout près de moi ;
Allez-vous-en, mais ils font fix,
Sept, huit, neuf, dix.
Ils se mocquent & me font les cornes.
Me prenez-vous pour un beftial ;

Vous mordez, c'est palier les bornes.
Ah Meffieurs vous me faites mal.
Ah . . . .

(*Reprife.*)

Je ne vois plus rien . . . .
Mais je fens fort bien . . . .
Que l'on m'égrarigne.
Meffieurs c'est indigne,
Voulez-vous finir.
Hola hola , vous me faites fouffrir.

. . . .

Aye . ,

Aye . . . . . .
Mais Meffieurs les démons,
Finiffez vos façons.   } Bis.

(*Rondeau.*)

Oui , Monfieur le démon . . . .
Vous avez raifon . . . . .
C'est une fottife ,
C'est une bétife
Que d'être amoureux;
Il vaut cent fois mieux brûler dans vos feux.

. . . .

Je fçais que je fuis fou ,
Rentrez dans votre trou.   } Bis.

(*Il tombe évanoui.*)

SCÈNE VII & *derniere.*

LA FOLIE, *& ſa ſuite arrivent
à cheval.*

LA F O L I E.

'Air : *Amour, Amour acheve ton ouvrage.*

I.

Amour, Amour, voilà donc ton ouvrage,
Voilà l'effet de ton poiſon ;
Suis moi, Romans, reprends courage,
Viens commander mon eſcadron,

I I.

Viens triompher, viens, je ſuis la Folie,
Viens à la tête de mes foux
Avec plaiſir riſquant ta vie
Tu te rendras digne de nous.

Air : *Eh! quoi, tout ſommeille.*

Sonnez dans l'oreille
Afin qu'il s'éveille
Faites grand bruit
Ranimez ſon eſprit.

C H Œ U R.

Sonnons dans l'oreille
Afin qu'il s'éveille
Faiſons grand bruit
Ranimons ſon eſprit.

LA FOLIE.

Pauvre garçon
Tu n'as plus de raifon,
Te voilà des plus foux
Viens donc loger chez nous.
C'eft bagatelle
D'être fans cervelle
Notre défefpoir
Seroit d'en avoir.
Sonnez dans l'oreille
Afin qu'il s'éveille
Faites grand bruit
Ranimez fon efprit.

CHŒUR.

Sonnons dans l'oreille, &c.

ROMANS.

'Air : *Menuet de la chaffe.*

Grand Dieu dans quel état je me trouve & me vois,
Je n'en puis plus, ah! je fuis aux abois;
Quelle honte pour moi de ternir mes exploits,
Je n'en puis plus, ah! je fuis aux abois.

(*Il s'endort.*)

LA FOLIE.

Tirez lui l'oreille
Afin qu'il s'éveille
Faites grand bruit.
Ranimez fon efprit

E

ROMANS,

CHŒUR.

Tirons lui l'oreille
Afin qu'il s'éveille
Faisons grand bruit
Ranimons son esprit.

Air : *Du fleuve d'oubli.*

PREMIER COUPLET.

ROMANS *se leve.*

Que voulez-vous la belle ,
Je ne vous connois pas.

LA FOLIE.

Ah ! ah ! ah !
Je suis la Demoiselle.
Qui conduit les combats.

ROMANS

Ah ! ah ! ah !

LA FOLIE.

Des héros je suis la Reine,
Pour un oui, pour un non
Sans raison ,
Je dégaine , je dégaine , je dégaine.

II.

ROMANS.

Je vous croyois la gloire
Car vous lui ressemblez.

LA FOLIE.

Eh ! eh ! eh !
Par-là j'en fais accr

Les foux y font trompés, eh, eh , eh,
Pour un rien ils fe déchaînent,
Pour un oui , pour un non ,
    Sans raifon
Ils dégainent, ils dégainent, ils dégainent.

III.

J'aime les balourdifes
Que font tous mes amis, hi, hi , hi,
J'approuve leurs fottifes
En cachette j'en ris, hi, hi , hi,
Dans l'embarras je les traîne
Et puis quand ils font-là
    Je m'en va,
Ils dégainent, je rengaine, je rengaine.

IV.

ROMANS.

Allez vous-en , Madame,
Décampez tout d'un faut, ô, ô, ô,
Redoutez cette lame,
Un deux, il y fait chaud, ô, ô, ô,
Croyez-vous donc qu'on me mène
Par le nez comme un fot,
    Vite & tôt
Qu'on fe fauve ou qu'on dégaine, qu'on dégaine.

V.

LA FOLIE.

Bravo Romans courage,
Tu n'eft point abattu , tu , tu , tu ,
J'aime à voir cette rage
Qu'on appelle vertu , tu , tu , tu ,

Sur un cheval qu'on le mène
A la tête des foux
De chez nous,
Qu'il dégaine, qu'il dégaine, qu'il dégaine.

(*La suite de la Folie amene un cheval à Romans.*

R O M A N S, *à cheval.*

Air : *Angloise de la Chercheuse d'esprit.*

Allons mes amis
Contre les ennemis :
Que sous notre bras
Ils trouvent le trépas;
L'épée à la main
Cherchons notre destin,
Au diable l'amour
J'y renonce en ce jour.

(*La suite de la Folie danse une Contredanse à cheval.
Romans & la Folie se mettent à la tête & les
emmenent.*)

F I N.

*Parodie de Roland
1786.*